NOTE

SUR UN ÉTABLISSEMENT MONÉTAIRE EN CATALOGNE,

ET CONSIDÉRATIONS

SUR LA REFONTE DES ESPÈCES DÉCIMALES NON AFFINÉES.

NOTE

SUR

UN ÉTABLISSEMENT MONÉTAIRE

EN CATALOGNE,

ET

CONSIDÉRATIONS SUR LA REFONTE DES ESPÈCES DÉCIMALES NON AFFINÉES.

PERPIGNAN.

IMPRIMERIE DE JEAN-BAPTISTE ALZINE.

*

1839.

NOTE

SUR UN ÉTABLISSEMENT MONÉTAIRE EN CATALOGNE

ET CONSIDÉRATIONS SUR LA REFONTE DES

ESPÈCES DÉCIMALES NON AFFINÉES.

La Catalogne, par sa position géographique, la richesse de ses produits, l'importance de ses villes, de ses ports et le caractère essentiellement mercantile de ses habitants, dont la frontière de terre et de mer facilitent les opérations commerciales, a été, de tous les temps, appelée, par l'esprit entreprenant de sa population, à jouer un grand rôle dans les diverses phases de la monarchie espagnole.

L'histoire a consigné la part que cette province a prise dans les guerres dont elle a été le théâtre ; des mémoires d'économie politique ont fait apprécier ses ressources [1] ; mais ce qui, je crois, n'a pas été constaté, ce qui n'a pas été peut-être apprécié sous son véritable point de vue, ce sont les essais divers qui ont été faits pour établir dans la Catalogne une fabrique de monnaie. Depuis 1818, ces essais ont été plusieurs fois renouvelés.

---

[1] Barcelone balance, par ses rapports commerciaux, les principales places de la Méditerranée.

1*

6

Dans un mémoire publié en 1836., j'ai indiqué les causes qui nécessitèrent, en 1808, la création de fabriques de monnaies; j'en ai décrit le nombre, l'importance et la durée. Mais ce qui n'a pas été dit et ce que je dois signaler ici, parce que des faits pareils honorent le nom français et celui de la junte indépendante qui nous disputait la conquête de la province de Catalogne, c'est la fidélité avec laquelle les parties belligérantes respectèrent, dans les pièces d'or et d'argent mises alors en circulation par les établissements de Barcelone et de Reus, le titre des monnaies péninsulaires.

La paix de 1815, en portant les vues de l'Espagne vers les Amériques, ne permit pas de s'occuper de l'administration intérieure du pays; toute la pensée du gouvernement était de diriger des corps d'armée vers Cadix, la Corogne, etc., et d'en activer l'embarquement pour ses possessions d'outre mer.

Cependant, au milieu de cette préoccupation, un homme était appelé à cicatriser, en Catalogne, les plaies d'une invasion désastreuse; c'est le capitaine général Castaños. Que l'on consulte la balance de nos exportations pendant l'administration de cet habile gouverneur, que l'on vérifie l'époque de l'ouverture des établissements industriels dans cette province, et principalement à Barcelone, et l'on verra si Castaños ne comprit pas sa haute mission.

Ce gouverneur voulut aussi ouvrir une monnaie à Barcelone et y appeler, malgré les préventions qui existaient contre les français, un homme étranger à

_____

Des établissements monétaires de Catalogne et de leur influence sur la guerre de 1808, par M. Grosset, commissaire du roi près la monnaie de Perpignan, 1836.

la province et d'une spécialité reconnue. Des propositions furent faites à un directeur de la fabrication d'une monnaie du midi ; on offrit de faire l'achat de tout le matériel monétaire et d'accorder un privilége pour vingt ans : le directeur n'accepta point ces offres [1]. Quelque temps après on insista encore, mais ces nouvelles propositions se trouvèrent paralysées par les événements militaires survenus à l'île de Léon.

Cette dernière révolution et la guerre de 1808, virent former, dans une des *Iles Baléares*, une petite fabrique de monnaie qui frappa des piastres de 30 *sous* [2], ainsi que des pièces de 5 *pesetas*, (5. P.). Il reste à concevoir comment on choisit cette île, isolée de tout rapport commercial et politique, pour ouvrir un établissement que le continent seul pouvait alimenter, alors surtout que Barcelone, comme point central, réclamait des livraisons journalières d'espèces monnayées.

Il faut l'avouer, l'existence d'une monnaie à *Palma*, pendant cette période, ne pouvant peut-être se justifier, surtout après les pièces dont le titre est connu, est un fait grave dans l'histoire contemporaine. A-t-on voulu, pour augmenter les bénéfices de la fabrication, en respectant toutefois les ordonnan-

---

[1] Il est à croire que la perspective de la refonte des écus de 6 liv , et l'affinage des lingots dorés, qui se faisait déjà par l'acide sulfurique, et que le directeur achetait à des prix très avantageux , contribuèrent à ce refus.

[2] J'ai une pièce qui a été frappée dans cette île en 1821 ; le nom du souverain est écrit par abréviation comme aux pièces livrées pendant le siége de Girone, en 1809 (FR°) (VII); la valeur est en toutes lettres , le revers porte au centre les armes de Palma avec un léger ornement, ainsi que la devise suivante : SALUS POPULI ; le grénetis et le cordon sont réguliers.

ces qui fixent le titre de la *peseta*, créer un multiple égal à la piastre ? Voilà ce qui paraît difficile à expliquer ; cependant je suis d'autant plus porté à le croire, qu'aux îles Baléares *cinq pesetas* (valeur nominale donnée à quelques unes des monnaies qui y furent frappées), ne représentent ni la piastre *majorquine* ni ses divisions.

Les événements politiques qui amenèrent la chute du gouvernement de cette époque, virent cesser les fabrications monétaires de *Palma*. Telle est la deuxième période des fabriques de monnaies de Catalogne.

Depuis 1837, un hôtel des monnaies a été de nouveau ouvert à Barcelone. Le commerce de cette ville, si actif et si entreprenant, ne paraît pas être intervenu dans sa création, qui appartient à la junte provinciale. C'est un fait digne d'être signalé que de voir les fabriques de monnaies de Catalogne s'organiser au milieu des diverses commotions politiques qui ont déchiré cette province. On conçoit, en effet, que dans ces moments de perturbation, où les charges de l'état deviennent si pesantes, la propriété, privée de ses revenus et frappée de contributions nouvelles, se trouvait dans la nécessité de chercher à se défaire des objets d'or et d'argent pour subvenir aux taxes de toute nature qui l'atteignaient ; mais on concevra aussi que ces établissements monétaires *obsidionaux*, si je puis m'exprimer ainsi, devaient cesser leurs travaux avec les causes qui en avaient fait solliciter la fondation. Voilà pourquoi Lérida, Girone, Reus, Tarragone, Barcelone et Palma, en livrant des monnaies obsidionales, ont rempli les conditions de leur existence. Voyons maintenant si la monnaie qui vient d'être ouverte à Barcelone porte avec elle un germe de vie qui puisse se développer.

On ne peut douter que Barcelone ne renferme, par sa position privilégiée, tous les éléments de succès qui doivent faire prospérer un établissement monétaire. Baignée par la mer, ayant des services réguliers de paquebots à vapeur qui sillonnent la Méditerranée dans tous les sens, cette ville peut lier des affaires, pour le commerce des matières d'or et d'argent, sur tous les points. Les frais de déplacement, la perte d'intérêt, les risques qui accompagnent toujours, en Espagne, les envois d'espèces par terre, toutes ces charges disparaissent, en partie, devant la célérité des moyens de locomotion qui sont déjà en activité.

Si à ces puissantes considérations, j'ajoute les besoins incessants de numéraire qu'éprouve l'Espagne, et qui, avec un directeur habile, inspirant la confiance, peuvent donner lieu à des opérations combinées avec le commerce, sera-t-il permis d'apprécier la limite qu'atteindra la fabrication monétaire ?

Ainsi Barcelone doit être considérée, dans un avenir plus ou moins éloigné, comme un marché rival de celui qui se fait à Marseille sur les matières ; mais pour obtenir ce résultat, il faudrait, en mettant l'établissement au niveau de la science, soit sous les rapports de la mécanique et de la métallurgie, ne pas circonscrire le directeur de la monnaie de Barcelone aux seuls frais de manutention des matières qui lui sont livrées [1].

---

[1] La création d'un établissement monétaire, en Catalogne, conçu sur une grande échelle, offrirait indépendamment des avantages que j'ai déja cités, s'il était bien dirigé, pour un pays qui a constamment

Malgré toutes mes démarches pour connaître la vie intérieure de la monnaie de Barcelone, et l'intervention officieuse de plusieurs maisons de commerce, je n'ai pu me procurer qu'un simple tarif [1] : le voici comparé à ceux qui ont régi ou qui régissent les établissements monétaires français.

besoin de numéraire, tous les avantages d'une banque de dépôt et de circulation.

, Le commerce français paraît être intéressé à connaître toutes les conditions qui règlent cet établissement : combien de jours faut-il pour obtenir la contre valeur des matières versées au change ? Est-ce dans quinze jours comme cela est arrivé quelquefois à nos négocianis, est-ce dans cinq jours comme cela pourrait être ? le tarif actuel ne fléchit-il pas de sa rigueur pour les versements effectués selon l'importance des valeurs remises ?

La manière dont les essais sont constatés, pour la délivrance des espèces mises en circulation, mériterait également d'être connue; il devrait en être de même pour le mode d'essai, ainsi que pour quelques autres détails de la fabrication.

Ces divers renseignements, qu'un homme spécial pourrait seul se procurer, seraient très importants pour nos transactions commerciales, parce qu'ils établiraient le degré de confiance qui doit être accordé à une monnaie dont les opérations ne sont soumises à aucun contrôle central, et dont les bénéfices sont appliqués, tantôt aux frais de la guerre, ainsi que cela paraît être maintenant, tantôt à des charges municipales, comme cela est arrivé pendant l'existence de cette monnaie en 1808.

La monnaie de Barcelone, ayant livré des pièces en or de 80 R^v, il serait important de connaître si les ordonnances, sur les espèces en or mises en circulation, ont été observées avec autant de fidélité que le titre des quadruples nouvelles de Charles iv, etc., dont chaque pièce, et ses sous-divisions accusent un titre qui offre des variations de 0,020 au moins; bien que Bonneville attribue cette variation à de fausses pièces en or jetées dans la circulation, je n'en persiste pas moins, avec des autorités non moins respectables, dans ce que j'ai dit relativement aux monnaies d'or de l'Espagne. (Voir Altès, mémoire sur les établissements monétaires de Catalogne, etc., déjà cité.)

Enfin il importerait encore de connaître la force des fabrications depuis l'ouverture de la monnaie de Barcelone, ainsi que la nature des pièces livrées.

TITRE		VALEUR DE L'ONCE.				VALEUR A PAYER D'APRÈS LE TARIF FRANÇAIS.			
ancien.	décimal.	Réaux de vellon.	Maravedis.	En décimales. (1)		Du 17 Germinal an XI.		Du 30 Juin 1835.	
karats.				fr.	c.				
24.	1,000.	380.	«	100.	«	98.	70.	98.	78.

Le titre qui est entre 23 et 24 karats, (0,958 et 1,000) donne lieu à un rabais de 4 Rv. (soit 1 fr. 05 c.), par chaque 1/4 de karat qui manquera (0,010).

18.	0,750.	280.	«	73.	68.	74.	02.	74.	09.

Au dessous de 23 karats (0,958), le prix de 18 karats (0,750) , augmentera ou diminuera de 4 Rv. (1 fr. 05 c.), par once pour chaque 1/4 de karat qui s'élèvera au dessus de ce titre , ou qui manquera sur les 18 karats (0,750).

(1) 5 francs , plus 19 Rv.

ARGENT.

TITRE		VALEUR DE L'ONCE.				VALEUR A PAYER D'APRÈS LE TARIF FRANÇAIS.			
ancien.	décimal.	Réaux de vellon.	Maravedis.	En décimales. (1)		Du 17 Germinal an xi.		Du 3o Juin 1835.	
deniers.				fr.	c.				
10.	0,833.	19.	7.	5.	054.	5.	24.	5.	27.

La valeur à payer augmentera ou diminuera de 3 maravedis (soit o. fr. o5 c.), par once pour chaque grain qu'il y aura en plus ou en moins (0,0o3).

Chaque adarme d'or contenu dans une once d'argent se payera 22 Rv. 16 maravedis (soit 5 fr. 91 c.)

Les quadruples des provinces d'outre-mer, seront prises à 1/2 p. cent de rabais de leur valeur nominale, tout autant cependant qu'elles auront le poids légal ainsi que le titre.

Les monnaies d'argent des mêmes provinces d'outre-mer, seront versées au change aux mêmes conditions, mais avec une perte de 2 p. cent.

Quant aux monnaies étrangères, elles seront également reçues au change pour leur valeur réelle (intrinseco), en ne précomptant que les faibles droits de fabrication (pequeños derechos de fabricacion).

(1) 5 francs, plus 19 Rv.

Toutes les opérations monétaires ayant besoin pour se réaliser de la paix intérieure, il serait difficile de rien préjuger sur les travaux de la monnaie de Barcelone. Cependant si jamais le crédit, (et les conditions en sont connues), venait à se développer, Barcelone profiterait nécessairement de tous les avantages de la richesse des produits agricoles et des industries naissantes qui, en prenant plus d'essor, y appelleraient des capitaux nouveaux.

Si à tous ces moyens de prospérité pour un hôtel des monnaies venaient se joindre, en Espagne, l'adoption du système décimal et de l'essai par la voie humide, alors la moindre variation dans le change, permettrait d'opérer sur les valeurs monétaires de la France : les pièces de cinq francs, antérieures à l'affinage, pourraient donner lieu à des affaires considérables, dont les frais seraient couverts ; savoir :

1° Par le prix de la pièce de 5 francs fixé à 19 R'. ;

2° Par les 0,004 d'argent qui se trouvent hors des tolérances légales de l'essai par la voie humide ;

3° Par le $\frac{1}{1000}$ d'or environ, contenu dans les espèces en circulation antérieures à 1830.

Sans doute les monnaies n'étant que le signe représentatif d'autres valeurs, un état ne s'appauvrit pas en raison des envois faits sur les places étrangères ; mais lorsque ces métaux monnayés sont donnés pour une valeur moindre que ce qu'ils valent intrinsèquement, et que cette différence n'est pas mise en balance et comptée comme valeur, alors ces états se constituent en une perte réelle. C'est ainsi que la France, secondée par ses établissements monétaires

Pyrénéens [1], a opéré pendant long-temps avec bonheur sur la quadruple et la piastre ; c'est ainsi que l'Espagne est appelée, si la France ne se hâte de refondre les monnaies décimales, à voir toutes les pièces de l'empire et de la restauration être l'objet d'opérations très lucratives qui amèneront leur émigration, et qu'on nous renverra peut-être coulées en lingots, moins les $\frac{1}{1000}$ d'argent et le $\frac{1}{1000}$ d'or qu'on aura bénéficiés.

Enfin je dirai, sans crainte d'être démenti, que le commerce français est intéressé à connaître l'établissement monétaire ouvert à Barcelone, les réglements et les instructions particulières qui le régissent, la manière dont la fabrication s'y trouve dirigée, tant sous les rapports de la manutention et des opérations de change qui se lient naturellement aux émissions de monnaies nouvelles, que sous celui du titre accusé.

Dans un moment où le gouvernement s'enquiert de tous les besoins, où des missions scientifiques attestent la haute civilisation de la France, il est digne de MM. les Ministres des finances et du commerce, de connaître dans tous ses détails un établissement monétaire ouvert à nos portes et qui peut être appelé, d'un moment à l'autre, à opérer sur nos espèces décimales non billonnées [2].

GROSSET,

commissaire du Roi près l'ancienne monnaie de Perpignan.

[1] Voir l'Annuaire des Pyrénées-Orientales, année 1834, publié par M. Alzine, p. 382.

[2] Tout le monde sait que par suite des divers triages que les changeurs font subir, à Paris, aux espèces décimales antérieures à la refonte

APPENDICE.

—

J'ai cru devoir faire suivre cette *note sur un établissement monétaire en Catalogne*, du dessin des diverses pièces de monnaie qui viennent d'être frappées à Barcelone, et compléter la publication des monnaies obsidionales de Catalogne par la reproduction de la pièce indiquée dans la page 7, et qui est encore inédite.

J'espère être assez heureux pour compléter un jour ce travail.

Planche n° 1, pièce obsidionale des îles Baléares, 1821.

Planche n° 2, pièce de 80 réaux de vellon ou 20 *pesetas* (or) Barcelone, 1838.

Planche n° 3, *peseta* de Barcelone, 1838.

Planche n° 4, pièce en cuivre de 6 *cuartos*, Barcelone, 1838.

Planche n° 5, pièce en cuivre de 3 *cuartos*, Barcelone, 1838.

des écus de 6 liv. et à l'affinage, et offrant par conséquent les conditions de valeur que j'ai indiquées, le faiblage des pièces de 5 fr. est déjà très sensible dans les sacs soumis à cette opération. Le gouvernement ne devrait-il peut-être pas s'emparer de cette différence de valeur, pour la consacrer à la refonte des pièces décimales d'argent non affinées, afin d'obtenir, pour toutes les monnaies en circulation, un même poids et un même titre ?...

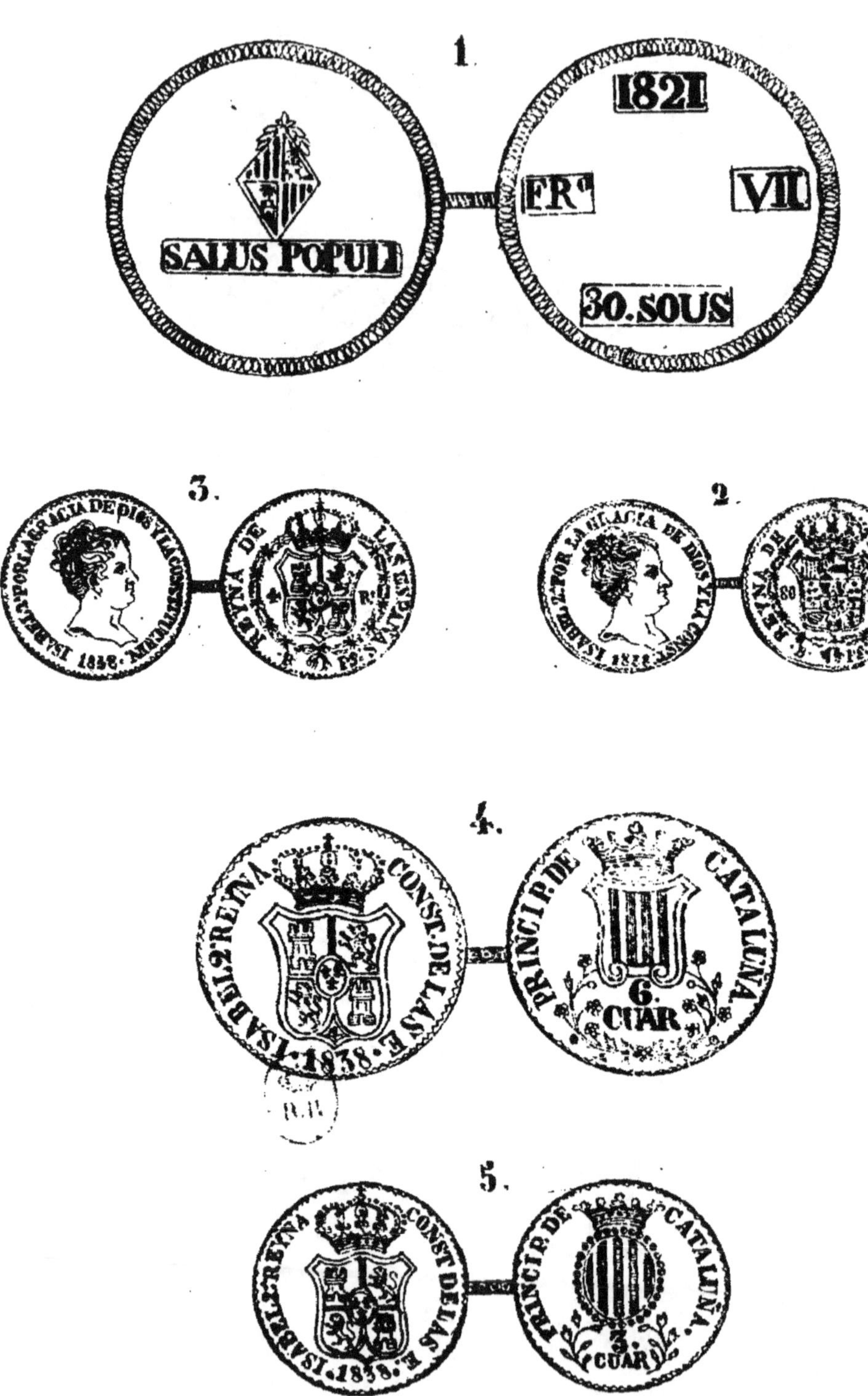

Lith. de J. Saignes & Cⁱᵉ à Perpignan.